CONOCE TU GOBIERNO

¿CUÁLES SON TUS DERECHOS BÁSICOS?

I0800345

Jacqueline Laks Gorman
Consultora de lectura: Susan Nations, M.Ed.,
autora/tutora de lectoescritura/consultora

Gareth Stevens
PUBLISHING

Please visit our website, www.garethstevens.com. For a free color catalog of all our high-quality books, call toll free 1-800-542-2595 or fax 1-877-542-2596.

Library of Congress Cataloging-in-Publication Data

Gorman, Jacqueline Laks, 1955–
[What are your basic rights? Spanish]
Cuáles son tus derechos básicos? / Jacqueline Laks Gorman;
Spanish translation, Tatiana Acosta and Guillermo Gutiérrez.
p. cm. — (Conoce tu gobierno)
ISBN-13: 978-0-8368-8850-8 (lib. bdg.)
ISBN-10: 0-8368-8850-2 (lib. bdg.)
ISBN-13: 978-0-8368-8855-3 (softcover)
ISBN-10: 0-8368-8855-3 (softcover)
1. Civil rights—United States—Juvenile literature. I. Acosta, Tatiana.
II. Gutiérrez, Guillermo. III. Title.
KF4749.G6718 2008
342.7308'5—dc22 2007044685

This edition first published in 2008 by
Gareth Stevens Publishing
111 East 14th Street, Suite 349
New York, NY 10003

Copyright © 2008 by Gareth Stevens, Inc.

Senior Editor: Brian Fitzgerald
Creative Director: Lisa Donovan
Senior Designer: Keith Plechaty
Layout: Cynthia Malaran
Photo Research: Charlene Pinckney
Spanish translation: Tatiana Acosta and Guillermo Gutiérrez

Photo credits: cover & title page Getty Images/Digital Vision; p. 5 © Dennis Degnan/Corbis; p. 7 Bob Fallcetti/Getty Images; p. 8 Courtesy CNN; p. 9 © Bettmann/Corbis; p. 10 David Schmidt/Masterfile; p. 11 J. Pat Carter/AP; p. 13 © Kim Kulish/Corbis; p. 14 Bob Daemmrich/PhotoEdit; p. 16 Mario Tama/Getty Images; p. 17 Rob Griffith/AP; p. 18 David R. Frazier/PhotoEdit; p. 19 Don Cravens/Time Life Pictures/Getty Images; p. 21 Michael Newman/PhotoEdit

All rights reserved. No part of this book may be reproduced, stored in a retrieval system, or transmitted in any form or by any means, electronic, mechanical, photocopying, recording, or otherwise, without the prior written permission of the copyright holder.

Printed in the United States of America

1 2 3 4 5 6 7 8 9 10 09 08 07

CONTENIDO

Las palabras del glosario se imprimen en letra **negrita** la primera vez que aparecen en el texto.

CAPÍTULO 1

La Constitución y la Declaración de Derechos

En 1787, Estados Unidos era una nación nueva. Los líderes de esta nueva nación se reunieron en Filadelfia, Pennsylvania, para redactar la **Constitución de Estados Unidos**. La Constitución era el plan para el nuevo sistema de gobierno de Estados Unidos. Al principio, no incluía los derechos o libertades de los **ciudadanos**.

Muchas personas querían cambiar la Constitución. Opinaban que debía incluir una lista de los derechos de los estadounidenses. En 1791, se añadió la **Declaración de Derechos** a la Constitución. La Declaración de Derechos enumera muchas de las libertades que los estadounidenses aún tienen hoy en día.

En 1787, los fundadores de la nación se reunieron en el *Independence Hall* de Filadelfia para redactar la Constitución.

CAPÍTULO 2

Las libertades de los estadounidenses

Una **enmienda** es un cambio a la Constitución. Las primeras diez enmiendas forman la Declaración de Derechos. Estas enmiendas mencionan algunos de los derechos más importantes de los estadounidenses. Los ciudadanos de algunos países no tienen estas libertades.

La Primera Enmienda protege la libertad de expresión. Podemos decir o escribir lo que queramos. También reconoce nuestro derecho de reunirnos con otros y expresar nuestras ideas. Podemos hablar con los líderes del gobierno y pedirles que solucionen los problemas.

La Primera Enmienda también protege la libertad de culto. El gobierno no puede decir a los ciudadanos qué religión deben practicar.

Como todos los estadounidenses, estos musulmanes tienen la libertad de practicar su religión.

En algunos países, el gobierno controla la información. En Estados Unidos, la Primera Enmienda protege la libertad de prensa. Periódicos, canales de televisión y estaciones de radio pueden publicar y transmitir las noticias que quieran. No tienen que preocuparse de que el gobierno se lo impida.

Un reportero habla con un soldado en Irak. Los canales de televisión tienen libertad para dar las noticias que deseen.

En la década de 1960, miles de personas marcharon para pedir la igualdad de derechos de los afroamericanos.

Con el paso de los años se han ido añadiendo nuevas enmiendas a la Constitución. Estos cambios han otorgado más derechos a diferentes grupos de personas. Hoy en día, todos los estadounidenses son iguales ante la ley. Nadie tiene más derechos que los demás.

En Estados Unidos, todos los niños tienen derecho a una educación libre.

Muchos de nuestros principales derechos no aparecen en la Constitución. La ley también protege esos derechos. Los estadounidenses tenemos derecho a una educación libre. Tenemos derecho a vivir y trabajar donde queramos. Todos tenemos también **derecho a la intimidad**.

Para muchos, el derecho más importante es el derecho al voto. Los ciudadanos mayores de dieciocho años pueden votar en las **elecciones** nacionales, estatales y locales. Mediante el voto, la gente puede dar su opinión sobre cómo debe funcionar el gobierno. Los votantes eligen a los líderes que les parecen mejores para la comunidad, el estado o la nación.

A veces, la gente tiene que hacer largas colas para ejercer su derecho al voto.

CAPÍTULO 3

Límites al gobierno

Los autores de la Constitución no querían que nuestros líderes fueran demasiado poderosos, y pusieron límites al poder del gobierno. La Declaración de Derechos protege los derechos de las personas. El gobierno no puede suprimir ni limitar esos derechos.

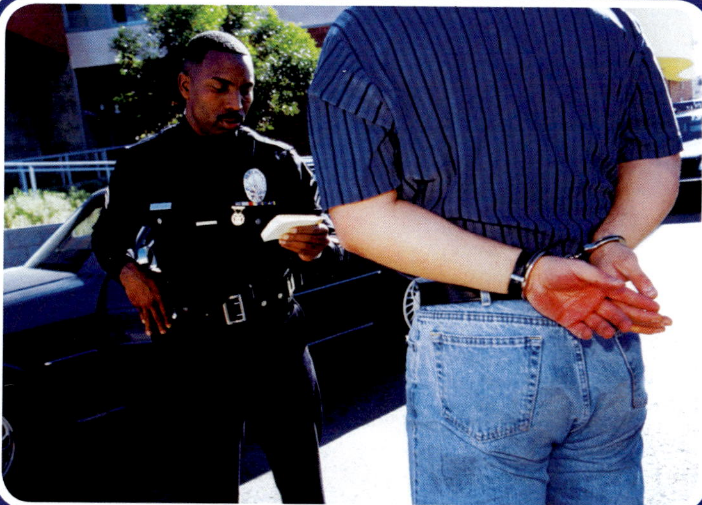

Después de arrestar a alguien, un oficial de policía debe decirle a la persona cuáles son sus derechos.

Una de las enmiendas dice que el gobierno no puede registrar la casa de una persona sin causa justificada. Otra enmienda hace referencia a las personas arrestadas. Estas personas deben ser informadas por la policía de las razones del arresto. También tienen derecho a un **juicio** justo y público ante un tribunal.

Durante un juicio, el jurado escucha los hechos antes de decidir si la persona acusada violó la ley.

Las personas que van a juicio tienen derecho a un **jurado**. Un jurado es un grupo de ciudadanos que decide si la persona acusada violó la ley. Una persona es considerada inocente hasta que los hechos demuestran que es culpable. Si la persona es declarada culpable, el castigo debe ser justo.

CAPÍTULO 4

Las responsabilidades de los buenos ciudadanos

Los ciudadanos estadounidenses tienen muchos derechos, y también muchas responsabilidades. Una responsabilidad es un deber. Tenemos la responsabilidad de respetar los derechos de otras personas. También tenemos el deber de proteger nuestros derechos y los derechos de otras personas.

El dinero de los impuestos se emplea para pagar a los bomberos y a otros trabajadores que contribuyen a nuestra seguridad.

La principal responsabilidad de los ciudadanos es obedecer las leyes. Los adultos deben participar en un jurado cuando se les pida. También tienen la responsabilidad de pagar **impuestos**. Un impuesto es dinero que se paga al gobierno para algunos servicios importantes. El dinero de los impuestos se usa para pagar a los líderes del gobierno, a los maestros y a la policía. También sirve para pagar las escuelas y la construcción de nuevas carreteras.

Votar no es sólo un derecho, también es una importante responsabilidad. El voto permite a cada ciudadano participar en el gobierno. Los mayores de dieciocho años deben registrarse, o anotarse, para votar. Deben informarse sobre los temas de importancia para la nación y para su estado y ciudad. Así podrán tomar buenas decisiones cuando voten.

Antes de las elecciones de 2004, un grupo de votantes escucha una charla televisada del Presidente George W. Bush sobre temas importantes.

Los buenos ciudadanos también participan activamente en su comunidad. Asisten a reuniones del **concejo** de la ciudad o de la junta escolar. Los buenos ciudadanos hacen saber a sus líderes lo que piensan sobre cuestiones importantes. También tratan de ayudar a que se resuelvan los problemas de su comunidad.

Las reuniones del concejo de la ciudad son una buena ocasión para que los líderes de la comunidad escuchen a los ciudadanos.

En la década de 1950, Rosa Parks (en el centro) luchó por la igualdad de derechos de los afroamericanos.

Los buenos ciudadanos pueden lograr cambios muy positivos en su comunidad. En 1955, una mujer afroamericana llamada Rosa Parks contribuyó a cambiar la historia tras ser arrestada por negarse a ceder su asiento a un hombre blanco. Rosa Parks inspiró a mucha gente a luchar por la igualdad de derechos. Pronto, muchas leyes injustas cambiaron, y la gente recibió un trato más equitativo.

CAPÍTULO 5

Cómo podemos ser buenos ciudadanos

Para ser buenos ciudadanos no hace falta tener la edad para votar. Tú puedes hacer muchas cosas para ayudar a tu comunidad.

Ser buenos ciudadanos significa ayudar a otras personas. Puedes reunir alimentos, ropa o juguetes para los necesitados. También puedes ayudar a ancianos de tu comunidad haciendo tareas para ellos.

En Estados Unidos, la gente tiene muchos derechos. Nuestra libertad depende de que nos involucremos en las tareas de gobierno. Cuando la gente participa activamente en su comunidad se ven los mejores aspectos de nuestra nación. Nunca es demasiado pronto para ser ciudadanos responsables.

Los niños pueden actuar como buenos ciudadanos cuando ayudan a limpiar los parques de su pueblo o ciudad.

Glosario

ciudadano: persona que tiene ciertos derechos en un país, como el derecho al voto

concejo: grupo de personas elegidas para tomar decisiones en una ciudad o pueblo

Constitución de Estados Unidos: documento que expone cómo se gobierna Estados Unidos

Declaración de Derechos: las diez primeras enmiendas a la Constitución de Estados Unidos

derecho a la intimidad: libertad de que otros no vigilen nuestras acciones

elección: momento en que los ciudadanos votan para elegir a sus líderes

enmienda: cambio a la Constitución de Estados Unidos

impuesto: dinero que las personas y las empresas pagan al gobierno para que éste pueda proporcionar los servicios necesarios

juicio: proceso oficial en el que un tribunal de justicia decide si alguien hizo algo ilegal

jurado: pequeño grupo de personas que decide durante un juicio si alguien ha violado la ley

Más información

Páginas Web

Ciudadanía

bensguide.gpo.gov/3-5/citizenship/index.html

Conoce los derechos y responsabilidades de los ciudadanos.

¿Cómo me afecta el gobierno?

pbskids.org/democracy/mygovt/index.html

Aprende la importancia para todos de las partes que componen una comunidad.

Nota de la editorial a los padres y educadores: Nuestros editores han revisado con cuidado las páginas Web para asegurarse de que son apropiadas para niños. Sin embargo, muchas páginas Web cambian con frecuencia, y no podemos garantizar que sus contenidos futuros sigan conservando nuestros elevados estándares de calidad y de interés educativo. Tengan en cuenta que los niños deben ser supervisados atentamente siempre que accedan a Internet.

Índice

Información sobre la autora

Jacqueline Laks Gorman creció en la ciudad de Nueva York. Estudió en Barnard College y en la Universidad de Columbia, donde recibió una maestría en historia de Estados Unidos. Jacqueline ha trabajado en muchos tipos de libros y ha escrito varias colecciones para niños y jóvenes. Vive en DeKalb, Illinois, con su esposo David y sus hijos, Colin y Caitlin. Se registró para votar cuando cumplió dieciocho años y desde entonces participa en todas las elecciones.